Bibliografische Information der Deutschen Nationalbibliothek:

Die Deutsche Bibliothek verzeichnet diese Publikation in der Deutschen National-
bibliografie; detaillierte bibliografische Daten sind im Internet über http://dnb.d-
nb.de/ abrufbar.

Dieses Werk sowie alle darin enthaltenen einzelnen Beiträge und Abbildungen
sind urheberrechtlich geschützt. Jede Verwertung, die nicht ausdrücklich vom
Urheberrechtsschutz zugelassen ist, bedarf der vorherigen Zustimmung des Verla-
ges. Das gilt insbesondere für Vervielfältigungen, Bearbeitungen, Übersetzungen,
Mikroverfilmungen, Auswertungen durch Datenbanken und für die Einspeicherung
und Verarbeitung in elektronische Systeme. Alle Rechte, auch die des auszugsweisen
Nachdrucks, der fotomechanischen Wiedergabe (einschließlich Mikrokopie) sowie
der Auswertung durch Datenbanken oder ähnliche Einrichtungen, vorbehalten.

Impressum:

Copyright © 2013 GRIN Verlag
Druck und Bindung: Books on Demand GmbH, Norderstedt Germany
ISBN: 9783668710399

Dieses Buch bei GRIN:

https://www.grin.com/document/426794

Dennis Schindeldecker

Entwicklungsziele und Strategieziele der SAP HANA

GRIN Verlag

SAP HANA
Entwicklungs- und Strategieziele der SAP

Seminararbeit

Im Modul „IT-Infrastruktur"

FOM - Hochschule

Studiengang Wirtschaftsinformatik, SS 2013, Standort Mannheim

eingereicht von:

Dennis Schindeldecker

eingereicht am 17.05.2013

Inhaltsverzeichnis

Abbildungsverzeichnis

Tabellenverzeichnis

1. Einleitung

In den letzten Jahren ist ein enormes Wachstum an verfügbaren Datenmengen und Informationen über alle Branchen hinweg zu beobachten. Täglich entstehen rund 2,5 Exabyte an neuen Daten weltweit. Dieser Wert verdoppelt sich etwa alle 40 Monate[1]. Längst hat sich zusätzlich zu den klassischen Produktionsfaktoren der Volkswirtschaft „Arbeit, Boden, Kapital", der Faktor „Information" als Kerninstrument unternehmerischen Handelns etabliert[2].

1.1 Problemstellung

Um dieser Bedeutung nachzukommen, müssen Informationen und deren zugrundeliegende Daten immer schneller und mit höchster Zuverlässigkeit verfügbar und analysierbar sein. Steigende Kundenanforderungen und global rapide wachsende Wettbewerbe erhöhen den Druck nach effizientem Informationsmanagement zusätzlich. Die daraus resultierenden Anforderungen an die IT-Infrastruktur von Unternehmen sind gravierend. Neben einer dynamischen Skalierbarkeit von Systemen, ist vor allem die Datenhaltung, -verarbeitung und der Datenabruf in Echtzeit extrem großer Datenmengen ein entscheidender Erfolgsfaktor.

Um diesem Bedarf nach Echtzeit-Geschäftslösungen gerecht zu werden sind neue Ansätze im IT Service Management und insbesondere im IT-Infrastrukturmanagement erforderlich. Neue technologische Trends wie das „In-Memory Computing" verknüpft mit innovativen Softwarelösungen können diesen Anforderungen gerecht werden[3]. Die SAP AG stellt mit „SAP HANA" eine derartige Produktkombination aus Hardware und Software zur Verfügung[4].

Im Fokus der Betrachtung von SAP HANA steht jedoch die Fragestellung, durch welche Aspekte sich diese Softwarelösung beschreibt und auszeichnet als auch ob die bestehenden Anforderungen abgedeckt und somit die beschriebenen Problemstellungen eliminiert werden können.

---

[1] Vgl. *McAfee A./Brynjolfsson E.*, 2012, S. 24.
[2] Vgl. *Taschner A.*, 2013, S. 5f.
[3] Vgl. *Berg B./Silvia P.*, 2012, S. 15.
[4] Vgl. hierzu u.a. *Walter M.*, 2012, S.4. oder *Schneider E./Raghav J.*, 2012, S. 6.

1.2 Zielsetzung und Abgrenzung der Arbeit

Gegenstand und Zielsetzung dieser wissenschaftlichen Arbeit ist eine umfassende Betrachtung der Softwarelösung „SAP HANA". Es wird im Rahmen dieser Arbeit im folgenden Kapitel zuerst der Blick auf die theoretischen und inhaltlichen Grundlagen gelegt. Es findet zunächst eine Beschreibung der Schlüsselbegriffe „Big Data" und „In-Memory-Computing" sowie deren Bedeutung für SAP HANA statt. Darauffolgend wird SAP HANA als Lösung mit seinen wesentlichen Bestandteilen und Ausprägungen näher beleuchtet, um schließlich eine Erläuterung der zugrundeliegenden Architektur und eine Differenzierung von unterschiedlichen Versionen für strategische Aspekte einer Implementierung vorzunehmen.

Danach folgt im dritten Kapitel eine erfolgskritische Betrachtung von SAP HANA als In-Memory Computing Management System aus Sicht des IT-Infrastrukturmanagements. Hierbei steht im Vordergrund, welche Strategie- und Entwicklungsziele durch die SAP AG mit dem Produkt SAP HANA verfolgt wurden, welche Chancen und Risiken sich bei einer Implementierung für das Business, die IT und das Unternehmen selbst ergeben und der Darstellung von Einsatzmöglichkeiten durch SAP HANA anhand eines Praxisbeispiels aus der Automobilbranche. Die Arbeit wird schließlich durch ein kritisches Fazit abgerundet.

Aufgrund des vorgegebenen Umfangs der Arbeit, als auch der Detailtiefe von SAP HANA in unterschiedlichsten Bereichen, findet ein klarer Fokus auf die oben genannten Teilgebiete statt. Auf eine Beschreibung von operativ technischen Aspekten, wie beispielsweise der Installation, Skalierung oder Modellierung der Lösung für eine technisch-operative Implementierung im Unternehmen, wird daher weitestgehend verzichtet. Ebenfalls wird der komplette Themenbereich der Administration von SAP HANA ausgeklammert. Soweit für das Gesamtverständnis notwendig, werden die wesentlichen Aspekte dieser Bereiche kurz erläutert. Der Fokus dieser Arbeit soll jedoch auf einem strategischen und managementorientierten Blickwinkel liegen.

2. SAP HANA

Eine Beschreibung von SAP HANA beinhaltet mehr als nur den reinen Blick auf das Produkt selbst. Bevor eine holistische Betrachtung von SAP HANA stattfinden kann, ist es daher elementar die zwei wesentlichen Konzepte „Big Data" und „In-Memory Computing" zu erläutern. Aufbauend auf diesen beiden Konzepten findet danach die ausführliche Beschreibung von SAP HANA, deren Architektur und Hardware sowie den verschiedenen Versionen statt.

2.1 Big Data und In-Memory Computing

Die beiden wesentlichen Konzepte, welche den steigenden Bedarf die technologische Grundlage für SAP HANA bilden, sind Big Data und In-Memory Computing.

2.1.1 Big Data

Die Begrifflichkeit „Big Data" ist eine Bezeichnung für extrem große Datenmengen. Diese Datenmengen befinden sich oft im Tera-/Peta- oder sogar Exabyte-Bereich, sodass sich eine Verwaltung und Analyse mit gewöhnlichen Datenbankmanagementsystemen als schwierig bis nahezu unmöglich gestaltet[5].

Insbesondere durch technologische Entwicklungen in den letzten Jahren (z.B. RFID, Soziale Netzwerke, Smartphones, ...)[6] steigt die Menge an verfügbaren Daten für Unternehmen in unterschiedlichsten Bereichen immer weiter an. Durch Daten die vorher nicht bzw. nicht in der notwendigen Detailtiefe vorhanden waren, ergeben sich neue strategische Möglichkeiten für Unternehmen[7]. Beispielsweise können Marketingaktivitäten durch bessere Kundeninformationen zielgerichteter eingesetzt werden oder zusätzliche Daten im Rahmen eines Produkterstellungsprozess zu einer Qualitäts- und Prozessverbesserung führen. Die Herausforderung liegt jedoch im Wesentlichen darin, diese Daten in einer adäquaten Zeit für Unternehmensentscheidungen analysieren zu können. Dadurch kommt neuen technologischen Ansätzen, wie dem In-Memory Computing ein enormer Stellenwert zu.

---

[5] Vgl. *Berg B./Silvia P.*, 2012, S. 28f.
[6] Vgl. *Lohr S.*, 2012, S. 1.
[7] Vgl. *McAfee A./Brynjolfsson E.*, 2012, S. 24.

2.1.2 In-Memory Computing

Die Idee vom In-Memory Computing und In-Memory Datenbanken ist nichts Neues. Bereits in den 80er und Anfang der 90er Jahre wurde dieser Trend diskutiert[8], allerdings fand er erst seinen Durchbruch durch die starke Reduzierung der Preise für Hauptspeicher (siehe Abbildung 1).

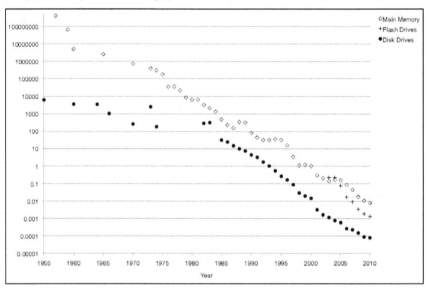

Abb. 1:   Kostenentwicklung von Festplatten, Haupt- und Flashspeicher[9]

Im Wesentlichen beschreibt das Konzept des „In-Memory Computing" eine Technologie, welche die Verarbeitung von extrem großen Datenmengen direkt im Hauptspeicher (RAM – Random Access Memory), zur Generierung von sofortigen Analysen und Transaktionen, ermöglicht[10]. Die Verarbeitung der Daten geschieht hierbei in Echtzeit (Real-Time Data Processing) bzw. in nahezu Echtzeit.

Grundlage hierfür bilden einfache Regeln: Die Erhöhung der Datenzugriffszeit sowie die Minimierung von Datenbewegungen.   Die Daten werden im Hauptspeicher (RAM), dem schnellsten Speichermedium das derartige Datenmenge verwalten

---

[8] Vgl. hierzu u.a. *Garcia-Molina H./Salem K.*, 1992, S. 509-516 oder *Bitton D./Hanrahan M.B./Turbyfill C.*,1987, S. 72-81.
[9] Quelle: *Plattner H./ Zeier A.*, 2011, S. 15.
[10] Vgl. *Berg B./Silvia P.*, 2012, S. 24f.

kann[11], gehalten. Dadurch erhöhen sich die Zugriffszeiten im Vergleich zu Festplatten enorm (vgl. dazu Tabelle 1).

Zugriff	Benötigte Zeit
Zugriff auf Hauptspeicher (RAM)	100 ns
Sequentielles Lesen von 1 MB im RAM	250.000 ns
Zugriff auf Festplatte	5.000.000 ns
Sequentielles Lesen von 1 MB auf Festplatte	30.000.000 ns

Tab. 1: Zugriffs- und Lesezeiten auf Festplatten und Hauptspeicher[12]

Neben den Zugriffszeiten muss allerdings auch die Zuverlässigkeit von Datenbanktransaktionen, adressiert durch das ACID-Prinzip, gewährleistet werden. ACID beschreibt folgende Datenbankanforderungen[13]:

- Atomicity: Eine Transaktion muss atomar sein.
- Consistency: Die Datenbank muss eine Konsistenz aufweisen.
- Isolation: Jede Transaktion wird isoliert von Anderen ausgeführt.
- Durability: Nachdem Daten durch eine Transaktion an eine Datenbank übermittelt wurden verbleiben diese dort dauerhaft.

Die ersten drei Kriterien sind weitestgehend unabhängig davon ob die Datenspeicherung im Hauptspeicher oder auf Festplatten erfolgt. Allerdings kann eine Verarbeitung im Hauptspeicher alleine, nicht dem Anspruch nach „Dauerhaftigkeit" gerecht werden. Der Hauptspeicher ist ein flüchtiger Speicher, was bedeutet dass die darin gespeicherten Daten verloren gehen, sobald die Stromversorgung unterbricht. Um dem entgegenzuwirken wird eine Unterstützung durch einen nicht-flüchtigen Speicher beim In-Memory Computing benötigt.

Die Speicherung von Daten erfolgt im Hauptspeicher in sogenannten „Pages". Werden nun Daten durch eine Transaktion verändert, dann wird die zugehörige Page in regelmäßigen Intervallen markiert und in einen nicht-flüchtigen Speicher geschrieben[14]. Zusätzlich wird durch ein Datenbanklog jede Änderung durch eine Transaktion im nicht-flüchtigen Medium gespeichert. In-Memory Datenbank schreiben asynchron und nach definierten Zeiträumen (bei SAP HANA im Standard alle 5 min.) Sicherungspunkte in den nicht-flüchtigen Speicher[15]. Wird die Stromversorgung nun unter-

---

[11] CPU Register und Caches erlauben schnellere Zugriffszeiten, allerdings beschränkt sich deren Zugriff auf die aktuell verarbeiteten Daten.
[12] Vgl. *Plattner H/Zeier A.*, 2011, S. 14.
[13] Vgl. *Elmasri R./Navathe S.*, 2009, S. 423.
[14] Vgl. *Berg B./Silvia P.*, 2012, S. 25.
[15] Vgl. *Berg B./Silvia P.*, 2012, S. 26.

brochen, kann durch die Sicherungspunkte und gespeicherten Pages im nicht-flüchtigen Speicher ein Laden des Ursprungszustandes in den In-Memory Speicher erfolgen. Dadurch wird eine In-Memory Lösung allen Anforderung des ACID-Prinzips gerecht und die Zugriffs-, Lese- und Verarbeitungszeiten können konstant hoch gehalten werden.

2.2 Einführung in SAP HANA

SAP HANA (früher High Performance Analytical Appliance, heute kein Akronym mehr[16]) beschreibt die vollumfängliche In-Memory Lösung der SAP AG. Mithilfe von SAP HANA können große Datenmengen (Big Data) in Echtzeit gehalten und analysiert werden. SAP HANA kann entweder als Appliance (kombiniertes System aus Hardware und darauf optimierte Software) oder in der Cloud betrieben werden[17]. Die zugrundeliegende Hardware für die SAP HANA Appliance wird durch technologische Partner der SAP AG bereitgestellt[18]. Dadurch werden die vollen Möglichkeiten moderner Hardware ausgeschöpft, die Performance gesteigert und der TCO (Total Cost of Ownership) reduziert.

Die Appliance besteht aus mehreren Softwarekomponenten, die - je nach bisheriger IT-Infrastruktur des Unternehmens - Anwendung finden.

2.2.1 Komponenten von SAP HANA

Wichtigster Bestandteil von SAP HANA ist die zugrundeliegende SAP HANA Database. Jedoch sind insbesondere dann, wenn SAP HANA als Appliance betrieben wird, weitere Komponenten und deren Zusammenspiel mit anderen Applikationen von Bedeutung. Abbildung 2 verdeutlicht die Architektur von SAP HANA, deren Komponenten und das Zusammenspiel mit anderen Applikationen. Im Wesentlichen besteht SAP HANA aus drei Hauptkomponenten: der SAP HANA Database, dem SAP HANA Studio und einem persistentem Speicher. Im Folgenden werden die einzelnen Komponenten dieser Architektur näher beschrieben.

---

[16] Vgl. *Walter M.*, 2012, S. 4.
[17] Vgl. *SAP AG*, 2013, S. 11.
[18] Vgl. *Schneider E./Jandhyala R.*, 2012, S. 6.

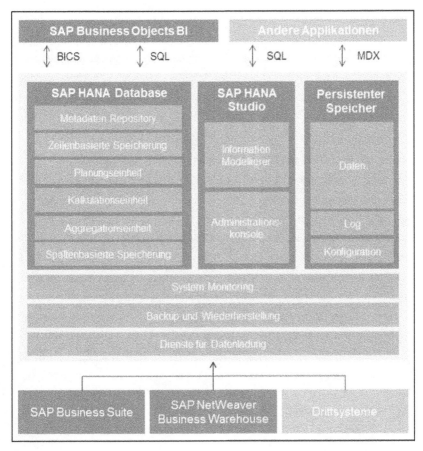

Abb. 2: Architektur der SAP HANA[19]

SAP HANA Database

Wesentlicher Bestandteil der SAP HANA Appliance bildet die relationale Datenbank (SAP HANA Database), welche komplexe Geschäftsanalyse extrem großer Datenmengen in Echtzeit ermöglicht[20]. Die SAP HANA Database nutzt das In-Memory Computing und optimiert die Transaktionsbearbeitung. Grund hierfür sind primär zwei Merkmale: Datenkomprimierung und spaltenbasierte Datenspeicherung/-organisation[21].

---

[19] Eigene Darstellung, in Anlehnung an: *Schneider E./Jandhyala R.*, 2012, S. 5.
[20] Vgl. *Färber F./Cha S.K./Primsch J./Bornhövd C./Sigg S./Lehner W.*, 2011, S. 45.
[21] Vgl. *Berg B./Silvia P.*, 2012, S. 32.

- **Datenkomprimierung in SAP HANA**

  Trotz sinkender Preise für Hauptspeicher und der Möglichkeit enorme Datenmengen im Hauptspeicher zu halten, ist dennoch die Überlegung der Komprimierung ein entscheidender Schlüsselfaktor. SAP HANA zeichnet sich unter anderem dadurch aus, das die Datenbank in Relation zur gespeicherten Datenmenge vergleichsweise geringen Speicherbedarf benötigt[22]. Hierfür verwendet sie u.a. Lauflängencodierung, Clustercodierung und Verzeichniscodierung[23].

- **Spaltenbasierte Datenspeicherung-/Organisation in SAP HANA**

  Ein weiteres Differenzierungsmerkmal der SAP HANA Database ist die Art und Weise wie die Daten gespeichert und verarbeitet werden. Während in anderen relationalen Datenbanken Daten zeilenbasiert organisiert werden, speichert und organisiert die SAP HANA Database die Daten im Regelfall spaltenorientiert. Der Unterschied beider Prinzipien ist der Aufbau der Tabellenstruktur. Bei der zeilenbasierten Speicherung wird eine Tabelle als Sequenz aus Zeilen gespeichert. Hingegen wird bei der spaltenbasierten Speicherung eine Tabelle als Sequenz aus Spalten repräsentiert[24]. Die Leserichtung erfolgt entsprechend dem Aufbau der Tabelle (vgl. Abbildung 3).

Tabelle			Zeilenbasiert		Spaltenbasiert	
Land	**Produkt**	**Verkäufe**		DE		DE
			1 Zeile	Alpha	Land	UK
DE	Alpha	4.000		4.000		US
				UK		UK
UK	Beta	2.000	2 Zeile	Beta		Alpha
				2.000		Beta
US	Alpha	1.500		US	Produkt	Alpha
			3 Zeile	Alpha		Alpha
UK	Alpha	3.400		1.500		4.000
				UK		2.000
			4 Zeile	Alpha	Verkäufe	1.500
				3.400		3.400

Abb. 3:   Zeilen- und spaltenorientierte Speicherung[25]

SAP HANA unterstützt beide Prinzipien, ist allerdings auf die spaltenorientierte Speicherung optimiert. Dadurch kann die SAP HANA Database sowohl transaktio-

---

[22] Vgl. *Berg B./Silvia P.,* 2012, S. 32.
[23] Vgl. *SAP AG,* 2013, S. 12.
[24] Vgl. *Abadi D. J./Madden S.R./Hachem N.,* 2008, S. 1-2.
[25] Eigene Darstellung, in Anlehnung an: *SAP AG,* 2013, S. 12.

nale, als auch analytische Anfragen auf der gleichen Datenbasis verarbeiten[26]. Beide Prinzipien weißen Vor-/ als auch Nachteile auf, welche in Tabelle 2 kurz erläutert sind.

	Zeilenbasierte Speicherung	Spaltenbasierte Speicherung
Vorteile	Daten werden zusammenhängend gespeichert und sind einfach zu ändern bzw. zu erweitern.	Nur die relevanten Spalten werden im Selektionsprozess gelesen. Jede Spalte kann als Index oder Key für Datenabfragen verwendet werden.
Nachteile	Bei Datenselektion müssen, unabhängig welche Spalten betroffen sind, alle Daten gelesen werden. Insbesondere bei verteilten Tabellenstrukturen wird dadurch die Verarbeitungsgeschwindigkeit stark reduziert.	Datenaktualisierungen sind im Vergleich zur zeilenbasierten Speicherung weniger effizient.

Tab. 2:   Vor- / Nachteile zeilen- bzw. spaltenbasierter Datenspeicherung[27]

Neben den genannten Vorteilen weißt die SAP HANA Database weitere Merkmale auf. Beispielsweise unterstützt die SAP HANA Database Mehrkern Prozessoren, was zu höherer Rechenleistung führt. Tabellen werden nicht aggregiert dargestellt und Views sind stets normalisiert. Beides führt zu höherer Flexibilität in der Modellierung und einer Vermeidung von doppelten Daten[28]. Dies unterstreicht die Bedeutung der SAP HANA Database für die komplette SAP HANA Appliance.

SAP HANA Studio

Neben der SAP HANA Database ist das SAP HANA Studio ein integraler Bestandteil der Appliance. Das SAP HANA Studio ist ein einfach zu verwendendes Werkzeug für

---

[26] Vgl. *Sikka V./Färber F./Lehner W./Cha S.K./Peh T./ Börnhövd C.*, 2011, S. 1.
[27] Vgl. *Berg B./Silvia P.*, 2012, S. 33f.
[28] Vgl. *Schneider E./Jandhyala R.*, 2012, S.7.

Datenmodellierung, Entwicklung und die Administration der Appliance[29]. Grundlegende administrative Einstellung (wie beispielsweise Konfigurationsparameter im Zusammenspiel mit weiteren Komponenten, Synchronisation mit dem persistenten Speicher, etc.) sowie Überlegungen zur Datenmodellierung werden hier getroffen[30].

Persistenter Speicher

Der persistente Speicher wird (wie in Kapitel 2.1 beschrieben) zur Gewährleistung einer dauerhaften Speicherung benötigt. Nicht benötigte Daten bzw. abgeschlossene Pages der aktuellen Transaktionsaktionsdaten werden hier abgelegt und dienen gemeinsam mit dem Log zur Wiederherstellung bei einer bewussten oder ungewollten Trennung der Stromzufuhr für die SAP HANA Database. Ebenfalls werden dort temporär Daten abgelegt, sollte die Kapazität des Hauptspeichers nicht ausreichen (sogenanntes Paging). Beim persistenten Speicher kann es um jegliche Art von nicht-flüchtigen Speichermedien handeln[31].

Weitere Komponenten und Zusammenspiel

Weitere Komponenten sind spezielle Werkzeuge für das Monitoring zur Überwachung der Transaktionen, Dienste für die Datenladungen aus anderen Systemen sowie Komponenten die spezielle Funktionalitäten für Backup und Wiederherstellung übernehmen.

Da SAP HANA kein Reportingsystem ist, sondern vielmehr als Datenbank fungiert, werden verschiedene Schnittstellen zu Reporting- und Bi-Systemen (z.B. SAP Business Objects oder Drittsystemen) nativ unterstützt. Hierzu zählen die Industriestandards Structured Query Language (SQL), Java Database Connectivity (JDBC), Open Database Connectivity (ODBC) und multidimensional expression (MDX)[32].

2.2.2 Hardwareoptionen

Wie bereits in 2.2 beschrieben, wird SAP HANA als Appliance angeboten. Die Hardwareauswahl beschränkt sich auf einige Kooperationspartner der SAP AG. Hierzu zählen: Cisco, Dell, Fujitsu, IBM und Hewlett Packard (HP)[33]. Die genannten Firmen bieten abhängig der Anforderungen unterschiedliche Server an, die auf SAP HANA optimiert sind (siehe Tabelle 3).

---

[29] Vgl. *Schneider E./Jandhyala R.*, 2012, S.6.
[30] Vgl. *SAP AG*, 2013, S. 25f.
[31] Siehe hierzu auch Kapitel 2.1.2.
[32] Vgl. *Schneider E./Jandhyala R.*, 2012, S.6.
[33] Vgl. *Schneider E./Jandhyala R.*, 2012, S.6.

Server	RAM			
	128GB	256GB	512GB	1024GB
Cisco UC S 460 M2			X	
Dell R910		X		
Fujitsu RX 900 S1			X	X
HP DL 580 G7	X	X	X	
IBM x3950 X5			X	X

Tab. 3: Auszug von Servern für SAP HANA[34]

Neben dem Hauptspeicher existieren weitere Komponenten im Server. Hierzu zählt der nicht-flüchtige Speicher, mehrere Prozessoren, ggfs. spezielle Hardware-konnektoren zur Verbindung der unterschiedlichen Komponenten sowie Hardware für die Stromversorgung[35].

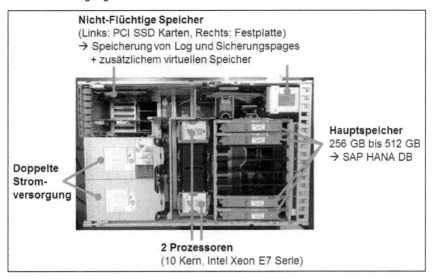

Abb. 4: Komponenten eines IBM x3950 x5 Servers[36]

Durch die Möglichkeit der Erweiterung bzw. Kombination unterschiedlicher Server kann eine dynamische Skalierung der Infrastruktur erfolgen[37].

---

[34] Vgl. *Berg B./ Silvia P.*, 2012, S. 139.
[35] Vgl. *Berg B./ Silvia P.*, 2012, S. 140.
[36] Eigene Darstellung, in Anlehnung an: *Berg B./ Silvia P.*, 2012, S. 140.
[37] Vgl. *Weiss H.*, 2013, S.1.

2.3 SAP HANA Versionen

Wie die Architektur und der Komponentenaufbau der SAP HANA Appliance verdeutlicht, kann diese für eine Vielzahl von Anwendungsfällen eingesetzt werden. Im Folgenden sollen die beiden häufigsten Modelle für die Anwendung von SAP HANA gegenübergestellt werden.

- Modell 1: SAP HANA als alleinstehende Lösung
- Modell 2: SAP HANA zur Optimierung von SAP NetWeaver BW

Modell 1: SAP HANA als alleinstehende Lösung

Dieses Szenario wird auch als SAP HANA 1.0 oder die Enterprise Version von SAP HANA bezeichnet. Hierbei wird eine neue, alleinstehende Instanz von SAP HANA implementiert, um neuen Reporting- oder Analyseanforderungen nachzukommen[38]. Hierbei geht es primär um Reporting- und Analyseanforderungen die derartige Unmengen von Daten benötigen, dass eine Abwicklung mit der derzeitigen Umgebung nicht sinnvoll oder möglich ist. Dadurch kann ein spezifisches Problem konkret angegangen werden und unter Berücksichtigung des TCO mittels SAP HANA gelöst werden. Entscheidend bei dieser Variante ist, dass die komplette Umgebung neu aufgebaut werden muss. Dies schafft die Möglichkeit Schwachstellen aus vorherigen Implementierungen durch Erfahrungswerte entgegenzuwirken, allerdings handelt es sich hierbei um eine aufwändigere und zeitintensivere Alternative.

Modell 2: SAP HANA zur Optimierung von SAP NetWeaver BW

Dieses Szenario wird auch als SAP HANA 2.0 oder SAP NetWeaver BW in Kombination mit SAP HANA bezeichnet. Schwerpunkt dieses Modells ist es, die Performance der bestehenden SAP NetWeaver BW Umgebung, durch Austausch der existierenden Datenbank (Oracle, DB2, …) durch die SAP HANA Database, zu erhöhen[39]. Diese Variante kann sich als sinnvoll erweisen, wenn bereits eine Architektur vorhanden und diese im Sinne einer Optimierung performanter gestaltet werden soll[40]. Hierbei ist die Generierung von schnellen Ergebnissen einfacher als in Modell 1, da eine bestehende Architektur bereits genutzt werden kann. Allerdings reduziert sich dadurch die Flexibilität und ggfs. müssen bekannte Schwachstellen hingenommen werden.

---

[38] Vgl. *Berg B./ Silvia P.*, 2012, S. 47ff.
[39] Vgl. *Schneider E., Jandhyala R.*, 2012, S.6.
[40] SAP Netweaver BW dient hier nur als eine von vielen Möglichkeiten.
Ebenso wäre eine Kombination mit SAP ERP zur Datenbankoptimierung denkbar.

Die beiden genannten Varianten sind in der nachfolgenden Tabelle mit ihren Anwendungsfällen und Charakteristika gegenübergestellt:

	SAP HANA als allein-stehende Lösung	SAP HANA zur Optimierung von SAP NetWeaver BW
Ziel & Mehrwert	Eine neue, hochoptimierte Lösung für ein spezifische Anforderung oder Problem implementieren.	Migration einer bestehenden Datenbank zu SAP HANA zur Optimierung des SAP NetWeaver BW
Anforde-rungen	- Definition eines Einsatzszenarios - Konfiguration aller relevanten Komponenten neben SAP HANA - Stammdatenverwaltung (bei mehreren Quellen)	- Gleiche Anforderungen wie aus gewöhnlichen Datenbankupdates - Ggfs. Upgrade des SAP NetWeaver BW - Notwendigkeit einer persistenten Datenbank zur Umsetzung der SAP HANA DB.
Herausfor-derungen	- Geringer Umfang von vordefinierten Lösungen vorhanden. Hoher Aufwand für die initiale Konfiguration - Neue Anforderungen an Betrieb und Wiederherstellung	- Fokus der Verbesserung liegt bei der Datenbank. Weitere Schwachstellen benötigen eine gesonderte Lösungsdefinition.
Architektur	Neue Architektur	Erweiterung einer bestehenden Architektur

Tab. 4:   Gegenüberstellung SAP HANA Varianten[41]

Unabhängig von der gewählten Variante sollte stets ein stufenweises Vorgehen in die Überlegungen einer Implementierung miteinbezogen werden. Folgende Übersicht dient als Orientierungsrahmen:

---

[41] Vgl. *Berg B./ Silvia P.*, 2012, S. 67.

Planung	Design	Implementierung	Betrieb
- Schwachstellenanalyse der bestehenden Architektur bzw. Definition von Anwendungsfällen und Kennzahlen - Auswirkungen auf die Organisation und Rollenverteilung im Unternehmen evaluieren - Sicherstellung, dass das Vorhaben zur definierten Reportingstrategie passt	- Definition der Zielarchitektur und des Zusammenspiel der Komponenten - Modellierung des Datenmodells - Festlegung von Rollen und Zugriffen für Analysen	- Umsetzung der definierten Architektur und des Datenmodells	- Gestaltung neuer Backup-Szenarien im IT-Service Management um den In-Memory-Anforderungen gerecht zu werden - Definition von Notfallszenarien und Servicelevels für Betrieb und Problemmanagement

Tab. 5:   Stufenweises Vorgehen für die SAP HANA Implementierung[42]

[42] Vgl. *Berg B./ Silvia P.*, 2012, S. 65.

3. Strategische und erfolgskritische Betrachtung

Neben der funktionalen Betrachtung von SAP HANA, deren Architektur und Hardwarekomponenten ist insbesondere auch ein strategischer und managementorientierter Blickwinkel sowohl aus Unternehmenssicht, als auch aus Sicht der SAP AG auf SAP HANA notwendig. Dies ermöglicht eine Beurteilung wie sich SAP HANA bei der SAP AG positioniert und welche Auswirkungen SAP HANA auf Unternehmen haben kann.

3.1 Entwicklungs- und Strategieziele der SAP

SAP HANA stellt einen wesentlichen Bestandteil innerhalb der Produktstrategie der SAP AG dar. Bereits in Vorgängerprodukten hat die SAP AG auf diesen Meilenstein hingearbeitet. SAP HANA kann daher als logische Evolution der nachfolgenden Produkte beschrieben werden:

TREX: Hierunter ist die Suchumgebung, eine Komponente von SAP NetWeaver zu verstehen. TREX hält bestimmte Attribute und Indizes bereits im Hauptspeicher[43], sodass die Vorteile des In-Memory Computing auf die Suche ausgeschöpft werden konnten.

MaxDB: SAP´s eigenes „Real Data Base Management System" ist die umfangreiche und dennoch einfache Lösung MaxDB. MaxDB wurde in der Vergangenheit insbesondere als Datenbanklösung für SAP ERP oder SAP BW genutzt. Insbesondere durch MaxDB wurden erstmals die vollen Auswirkungen einer In-Memory Lösung auf den Bereich Backup und Wiederherstellung deutlich. Die SAP AG hat diese innerhalb der SAP HANA Appliance in einer eigenen Schicht umgesetzt[44].

P*Time: Durch einen Zukauf im Jahr 2005 stieß P*Time als weitere In-Memory Lösung ins Produktportfolio der SAP AG. P*Time dient SAP HANA als Basis für die dort implementierte In-Memory Verarbeitung.

Basierend auf den drei genannten Lösungen entstand die „NewDB", ein interner Projektname für die spätere SAP HANA Database[45].

---

[43] Vgl. *Walter M.*, 2012, S.7.
[44] Siehe hierzu auch Kapitel 2.2.1.
[45] Vgl. *Walter M.*, 2012, S.7.

Insbesondere als Datenbanklösung für bestehende SAP Lösungen (z.B. SAP NetWeaver BW) hat sich SAP HANA bereits auf dem Markt etabliert. Mit geringen Risiken können bestehenden Datenbanken auf SAP HANA migriert werden und dadurch neue Möglichkeiten für aufbauende Reporting- und BI-Systeme geschaffen werden[46].

Die SAP AG zielt jedoch in Ihrer langfristigen Entwicklungsstrategie darauf ab, SAP HANA eine noch zentralere Rolle in ihrem Produktportfolio zu verleihen. Im nächsten Schritt innerhalb der SAP HANA Roadmap soll das komplette SAP Business Warehouse durch SAP HANA unterstützt werden. Dadurch wird die SAP HANA Appliance zur persistenten Speicher- und Verarbeitungsschicht für analytische Daten[47]. Zusätzlich liegt ein verstärkter Fokus im Bereich der Cloud und Mobilität in Kombination mit SAP HANA. Die Strategie der SAP AG für Anwendungsinfrastruktur und -architektur sieht eine Verbindung von Cloud- und Arbeitsspeichertechnologien als sogenannte „HANA Architecture" vor. Dies kombiniert zwei der wichtigsten Trends (Cloud und In-Memory Computing) miteinander um SAP HANA als „Application-Platform-as-a-Service" (aPaaS) anzubieten[48]. Die HANA Architecture basiert auf einem In-Memory Datenbankmanagementsystem. Erklärtes Ziel der SAP AG ist es sowohl Arbeitsspeichertechnologie, Anwendungsplattformen und Cloud-Architektur miteinander zu verbinden und dadurch die Flexibilität und Vorteile aller dieser Trends zu nutzen[49].

Die SAP AG geht diesen Schritt um sich von bestehenden Appliance[50] und In-Memory Lösungen anderer Wettbewerber abzuheben. Für Unternehmen ist diese strategische Zielrichtung der SAP AG insbesondere daher interessant, da so eingeschätzt werden kann, mit welchen Veränderungen in der bestehenden Architektur in den kommenden Jahren zu rechnen ist. Diese können im Rahmen der strategischen Ausrichtung der IT-Infrastruktur und Reporting-/BI-Strategie mit einbezogen werden.

---

[46] Vgl. *Färber F./Cha S.K./Primsch J./Bornhövd C./Sigg S./Lehner W.*, 2011, S. 50.
[47] Vgl. *Färber F./Cha S.K./Primsch J./Bornhövd C./Sigg S./Lehner W.*, 2011, S. 50.
[48] Vgl. *Pezzini M./Sholler D.*, 2011, S 6.
[49] Vgl. *Pezzini M./Sholler D.*, 2011, S 1.
[50] U.a. "Microsoft Parallel Data warehouse", "Active Enterprise Data Warehouse 5600" (Teradata), "Exadata Database Machine" (Oracle).

3.2 Chancen und Risiken für Business, IT und

Unternehmen

Im Kern zeichnet sich jedes Unternehmen, dass sich Gedanken zur Einführung von SAP HANA macht, durch folgende Fragestellung aus: Wo liegen die technologischen Vorteile von SAP HANA und wie können diese für spezifische Anwendungsfälle im Unternehmen genutzt werden? Im Fokus stehen dabei auch die Auswirkungen auf Business und IT.

Hauptsächlich liegen die Chancen von SAP HANA bei den Fachabteilungen (Business). Durch SAP HANA können Analysen schneller stattfinden und größere Datenmengen verarbeitet werden. Dadurch ergibt sich ein 360 Grad Blick für Analysen, Kennzahlen und Entwicklungen über alle Bereiche hinweg[51]. Das Unternehmen kann bestehende Prozess-abläufe durch besser analysierte Daten optimieren und auf sich ändernde Bedingungen schneller reagieren. Auch für die IT entstehen neue Möglichkeiten (z.b. die dynamischen Skalierung der SAP HANA Appliance).

Neben diesen Chancen sind allerdings auch Risiken zu berücksichtigen, die sich im Wesentlichen innerhalb der IT befinden. Die IT ist dafür verantwortlich das vor, während und nach der Implementierung ein geregelter Betrieb und eine anforderungsgerechte Architektur zur Verfügung steht. Durch SAP HANA müssen neue, ggfs. bisher nicht bekannte Mechanismen, im Bereich des IT-Servicemanagements (z.B. Betrieb und Backup) und des IT-Infrastrukturmanagements (z.B. Einsatz neuer Technologien und Hardware) eingeführt werden. Des Weiteren muss SAP HANA Neu oder als Erweiterung einer bestehenden Lösung aufgebaut werden.

Da SAP HANA keine Plug & Play Lösung[52] ist, bedarf eine erfolgreiche Einführung im Unternehmen das Know-How von Experten und einer akribischen Planung. Letztlich sollte vor jeder Einführung ein Handlungsbedarf bzw. Optimierungspotential (inkl. Business Case) festgestellt werden, sodass sichergestellt ist, dass die erwarteten Mehrwerte das Risiko und die Aufwände rechtfertigen[53].

---

[51] Vgl. *Berg B./ Silvia P.*, 2012, S. 35-37.
[52] Vgl. *Walter M.*, 2012, S.4.
[53] Vgl. *Berg B./ Silvia P.*, 2012, S. 99.

3.3 Praxisbeispiel SAP HANA in der Automobilindustrie

Am nachfolgenden Beispiel soll der Praxiseinsatz von SAP HANA an einem realen Anwendungsfall innerhalb der Automobilindustrie illustriert werden.

3.4.1 Ausgangssituation

Im Rahmen des Entwicklungsprozesses von Motoren der Mercedes-AMG entstehen, durch neue technologische Möglichkeiten, eine enorme Menge an Daten. Bereits während der Entwicklung wird durch eine Vielzahl von Sensoren das Zusammenspiel der verschiedenen Komponenten eines Motors gemessen und Daten über das Verhalten der Komponenten bei Parameteränderungen gesammelt. Hinzu kommen Daten, die durch Messungen an Prüfständen, Testfahrten und Dauererprobungen in Dauerläufer-Fahrzeugen entstehen[54]. Aktuelle Prüfstände und Probefahrzeuge erzeugen hierbei Daten in hohen 10-Herz-Frequenzen. Dadurch fallen im Rahmen des Entwicklungsprozess tägliche Datenmengen im Gigabyte-Bereich an[55].

Die Analyse und Verarbeitung dieser Daten in Echtzeit ist nur sehr eingeschränkt möglich, da traditionelle Systeme und Datenbanktechnologien nicht für derartige Datenmengen ausgelegt sind. Dadurch gehen bereits in frühen Prozessschritten wertvolle Erkenntnisse verloren, was häufig zu längeren Prozesslaufzeiten und negativen Auswirkungen auf die Qualität des Motors zur Folge hat.

3.4.2 Lösungsansätze mit SAP HANA

Durch den Einsatz von SAP HANA als Echtzeit-Plattform und In-Memory Datenbank können Daten, die im Rahmen des Entwicklungsprozess anfallen, in Echtzeit ausgelesen und analysiert werden. Dies umfasst den Prozessschritt der Erprobung bzw. Gütesicherung des Motors auf dem Prüfstand. Sensoren am Motor und Prüfstand übermitteln die anfallenden Daten direkt an die SAP HANA Database[56]. Dort können diese unter Nutzung der In-Memory Technologie um ein vielfaches schneller analysiert und gehalten werden. Eine Drittsoftware dient zur Analyse dieser Daten in Echtzeit und automatischen Berechnungen für den weiteren Produktentstehungsprozess.

Zusätzlich können per Telemetrie-Anbindung der Testfahrzeuge, erzeugte Daten während Testfahrten an SAP HANA übertragen werden. Diese Daten können mit den

---

[54] Vgl. *AutomotiveIT*, 2013, S.1.
[55] Vgl. *AutomotiveIT*, 2013, S.1.
[56] Vgl. *AutomotiveIT*, 2013, S.2.

existierenden Daten vom Prüfstand kombiniert werden und durch das Drittsystem automatisierte Erprobungsanweisungen in die Testfahrzeuge zurückgesendet werden[57].

3.4.3 SAP HANA als Enabler

Durch die genannten Lösungsansätze stehen komplett neue Datenmengen in Echtzeit zur Verfügung. Dadurch kann während der Motorenentwicklung eine durchgängige und präventive Wartung der Motoren durchgeführt werden. Dies sorgt für eine höhere Produkt- und Prozessqualität. Zusätzlich können fehlerhafte Testläufe sofort abgebrochen werden, sollten die übermittelten Daten nicht den Zielwerten entsprechen. Dadurch verringert sich die Entwicklungszeit[58]. Die vorhandenen Daten aus unterschiedlichen Motorenentwicklungen können letztlich als Wissens-/Datenbasis für zukünftige Neuentwicklungen dienen.

Anhand dieses realen Praxisbeispiels, welches im Rahmen des von SAP veranstalteten „HANA Partner Race" durch Mieschke Hofmann und Partner (MHP) und Mercedes-AMG umgesetzt wird[59], werden die Anwendungsszenarien und Mehrwerte von SAP HANA für Unternehmen deutlich. Es zeigt weiterhin den Nutzen von SAP HANA für Prozessoptimierungen und der Eliminierung bekannter Schwachstellen derzeitiger Lösungen. Dies zeigt nur einen von vielen möglichen und bereits umgesetzten Anwendungsfällen innerhalb der Automobilbranche[60].

4. Fazit

Durch die dargestellten technologischen Weiterentwicklungen in den vergangenen Jahren sind sowohl neue Anforderungen an moderne Datenbank-Management-Systeme entstanden, als auch neue Lösungsansätze um diesen gerecht zu werden. Dies unterstreicht der „Hype Cycle for Emerging Technologies" aus dem Jahr 2012 des renommierten Marktforschungsinstituts Gartner (siehe Abbildung 5). Dort wird ersichtlich, dass sowohl Big Data als auch In-Memory Database Management Systeme bzw. In-Memory Analytics mit zu den aktuellsten Themenbereichen innerhalb der   IT   gehören.

---

[57] Vgl. *AutomotiveIT*, 2013, S.2.
[58] Vgl. *AutomotiveIT*, 2013, S.2.
[59] Vgl. *Flörecke K.D.*, 2013.
[60] Vgl. hierzu u.a. *Omar R.*, 2012 oder *Kurrant C.*, 2012.

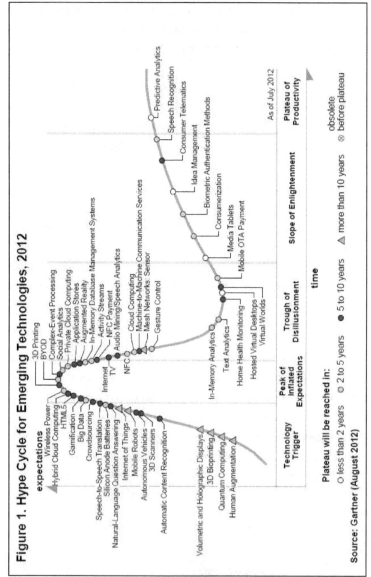

Figure 1. Hype Cycle for Emerging Technologies, 2012

Source: Gartner (August 2012)

Abb. 5:   Gartner Hype Cycle 2012[61]

20

[61] Quelle: *Gartner*, 2012.

Durch diesen „Hype" wurden neue Marktchancen eröffnet, auf welche die SAP AG mit der Lösung „SAP HANA" im Rahmen einer progressiven Marketingstrategie reagiert hat. Unternehmen können durch den Einsatz von SAP HANA die Performance ihrer bestehenden Datenbank-Architektur um ein vielfaches erhöhen und neue Möglichkeiten für Datenanalysen in Echtzeit schaffen. Die In-Memory Appliance hat sich mittlerweile in vielen Bereichen bewährt und als eines der Kernprodukte der SAP AG etabliert.

Das in dieser wissenschaftlichen Arbeit aufgeführte Praxisbeispiel hat die Stärken und Möglichkeiten von SAP HANA verdeutlicht. Die dargestellte zukünftige strategische Fokussierung der SAP AG auf SAP HANA, generiert Handlungsdruck sowohl für deren Wettbewerber, als auch für Kunden der SAP AG um langfristig wettbewerbsfähig zu bleiben. Der Entzug bzw. die nicht Beachtung dieses Trends durch Unternehmen ist daher höchst unzweckmäßig.

Auch wenn SAP HANA als Appliance eine Vielzahl an Möglichkeiten und Chancen für Unternehmen bietet, muss neben einer rein funktionalen und architektonischen Betrachtung -wie in dieser Arbeit aufgeführt- auch stets eine strategische Betrachtung mit einfließen. Der Einsatz von SAP HANA erfordert neue Ansätze im IT-Infrastrukturmanagement und ist daher kritisch zu prüfen und zu planen, um letztlich einen positiven Return on Investment (ROI) für das Unternehmen zu erzielen. Gelingt ein Umstieg bzw. eine Optimierung durch SAP HANA, sind die langfristigen Mehrwerte für IT, Business und Unternehmen enorm.

Das höchste Maxim bei der Betrachtung von SAP HANA sollte daher immer sein, auf Basis eines definierten Anwendungsfalles, ein Zielszenario zu entwickeln (sowohl strategisch als auch durch konkrete Ausgestaltung der SAP HANA Appliance in der bestehenden IT-Infrastruktur), dieses projekthaft zu planen, durchzuführen und zu steuern um letztlich den vollen Mehrwert von SAP HANA für das Unternehmen zu erzielen.

Literaturverzeichnis

Abadi D. J., Madden S.R., Hachem N. (2008): ColumnStores vs. RowStores: How Different Are They Really?, in: SIGMOD Record, June 9-12, Vancouver 2008.

AutomotiveIT (Hrsg.- 2013): Im Takt des Motors, in automotiveIT, 01/02 2013, online abrufbar unter: http://www.mhp.com/fileadmin/mhp.de /assets/PDF/022013_automotiveIT.pdf (Zugriff 13.05.2013).

Bitton D., Hanrahan M.B., Turbyfill C. (1987): Performance of complex queries in main memory database systems, in: Proc. Int. Conf. on Data Engineering, Feb. 1987, S. 72-81.

Berg B., Penny S. (2013): SAP HANA – An Introduction, Galileo Press, 1. Auflage, Boston 2013.

Carcia-Molina H., Salem K. (1992): Main Memory Database Systems: An Overview, in: IEEE Transactions on Knowledge and Data Engineering, Vol. 4, No. 6, December 1992, S. 509-516.

Elmasri A.R., Navathe B.S. (2009): Grundlagen von Datenbanksystemen, Person-Studium, 3. Auflage, München 2009.

Flörecke K.D. (2013): MHP siegt beim SAP HANA Partner Race (07.03.2013), http://www.automobilwoche.de/article/20130307/ NACHRICHTEN/130309930/mhp-siegt-beim-sap-hana-partner-race#.UZJBVcpYRpk (Zugriff 13.05.2013).

Färber F., Cha S.K., Primsch J., Börnhövd C., Sigg S., Lehner W. (2011): SAP HANA Database – Data Management for Modern Business Applications, in: SIGMOD Record, Vol. 40, No. 4, Dezember 2011.

Gartner (Hrsg.- 2012): Gartner's 2012 Hype Cycle for Emerging Technologies Identifies "Tipping Point" Technologies That Will Unlock Long-Awaited Technology Scenarios (16.08.2012), http://www.gartner.com/ newsroom/id/2124315 (Zugriff 13.05.2013, lizenzpflichtig).

Kurrant C. (2012): Electric Vehicle Data Analytics (19.07.2012), http://www.saphana.com/docs/DOC-1989 (Zugriff 13.05.2013).

Lohr S. (2012): The Age of Big Data, in The New York Times (11.02.2012), http://www.nytimes.com/2012/02/12/sunday-review/big-datas-impact-in-the-world.html?_r=2&scp=1&sq=Big%20Data&st=cse& (Zugriff 15.05.2013).

McAfee A., Brynjolfsson E. (2012): Besser Entscheiden mit Big Data, in: Harvard Business Manager, November 2012, S. 24.

Omar R. (2012): Vehicle Fault Analysis (24.02.2012), http://www.saphana.com/docs/DOC-1400 (Zugriff 13.05.2013).

Plattner H., Zeier A. (2011): In Memory Data Management, Springer-Verlag, 1. Auflage, Berlin 2011.

SAP AG (Hrsg.- 2012): SAP gibt einheitliche Strategie für Echtzeit-Datenmanagement bekannt (12.04.2012), http://www.sap.com/ germany/about/press/index.epx.epx?pressid=18650 (Zugriff 13.05.2013).

SAP AG (Hrsg.- 2013): SAP HANA Developer Guide, Document Version: 1.2-2013-03-01, SAP AG, 2013, online abrufbar unter: http://help.sap.com/hana/hana_dev_en.pdf (Zugriff 13.05.2013).

Schneider E., Raghav J. (2012): SAP HANA® Technical Overview, SAP AG, 2012, online abrufbar unter: http://download.sap.com/download.

epd?context=B576F8D167129B337CD171865DFF8973EBDC14E3C34A18AF1CF1 7ED596163658ABE46C2191175A1415B54F1837F5F0A13487B903339C6F98 (Zugriff 13.05.2013).

Sikka V., Färber F., Lehner W., Cha S.K., Peh T., Börnhövd C. (2011): Efficient Transaction Processing in SAP HANA Database – The End of a Column Store Myth, in: Proceedings of the 2012 international conference on Management of Data, ACM, 2012 S. 731-742.

Taschner A. (2013): Management Reporting, Springer-Verlag, 1. Auflage, Berlin 2013.

Walter M. (2012): SAP HANA Starter, Packt Publishing Ltd., Birmingham 2012.

Weiss H. (2013): SAPs neue Strategie: Hardware statt Software (25.05.2011), http://business.chip.de/artikel/Hana-Die-Hardware-die-SAP-Software-Beine-machen-soll_49168206.html#sp=sap%20hana &N=0&pos=2 (Zugriff 13.05.2013)

BEI GRIN MACHT SICH IHR WISSEN BEZAHLT

- Wir veröffentlichen Ihre Hausarbeit, Bachelor- und Masterarbeit

- Ihr eigenes eBook und Buch - weltweit in allen wichtigen Shops

- Verdienen Sie an jedem Verkauf

Jetzt bei www.GRIN.com hochladen und kostenlos publizieren